God Loves You

A STORY FOR CHILDREN EVERYWHERE

Christine Studniarz

Selah Press PUBLISHING

God loves you God loves you God loves you
God loves you God loves you God loves you
God loves you God loves you God loves you
God loves you God loves you God loves you
God loves you God loves you God loves you
God loves you God loves you God loves you
God loves you God loves you God loves you
God loves you God loves you God loves you
God loves you God loves you God loves you
God loves you God loves you God loves you
God loves you God loves you God loves you
God loves you God loves you God loves you
God loves you God loves you God loves you
God loves you God loves you God loves you
God loves you God loves you God loves you

God loves you God loves you God loves you
God loves you God loves you God loves you
God loves you God loves you God loves you
God loves you God loves you God loves you
God loves you God loves you God loves you
God loves you God loves you God loves you
God loves you God loves you God loves you
God loves you God loves you God loves you
God loves you God loves you God loves you
God loves you God loves you God loves you
God loves you God loves you God loves you
God loves you God loves you God loves you
God loves you God loves you God loves you
God loves you God loves you God loves you
God loves you God loves you God loves you

God Loves You

This book is dedicated to all of the loves in my life. My husband, our family, children, grandchildren, nieces, and nephews. I'm thankful for my parents support, guidance, and sacrifice throughout the years. I'm forever grateful.

I Love You

God Loves You

" I have loved you with an everlasting love. I have drawn you with loving kindness."

Jeremiah 31:3

One thing I know....
God Loves Me

He Loves Her

He Loves Him

He Loves Them

He Loves Us

He Loves You

Jesus said, "Let the little children come to me, and do not hinder them, for the kingdom of Heaven belongs to such as these."

Matthew 19:14

God loves you God loves you God loves you
God loves you God loves you God loves you
God loves you God loves you God loves you
God loves you God loves you God loves you
God loves you God loves you God loves you
God loves you God loves you God loves you
God loves you God loves you God loves you
God loves you God loves you God loves you
God loves you God loves you God loves you
God loves you God loves you God loves you
God loves you God loves you God loves you
God loves you God loves you God loves you
God loves you God loves you God loves you
God loves you God loves you God loves you
God loves you God loves you God loves you

God loves you God loves you God loves you
God loves you God loves you God loves you
God loves you God loves you God loves you
God loves you God loves you God loves you
God loves you God loves you God loves you
God loves you God loves you God loves you
God loves you God loves you God loves you
God loves you God loves you God loves you
God loves you God loves you God loves you
God loves you God loves you God loves you
God loves you God loves you God loves you
God loves you God loves you God loves you
God loves you God loves you God loves you
God loves you God loves you God loves you

Made in the USA
Monee, IL
07 December 2023

48358002R00017